Versículos Bíblicos para Practicar la Caligrafía

Esperanza, Alegría, Misericordia y Paz

Este libro pertenece a:

GOOD
AND
RIGHT
PUBLISHING

Aclamad a Dios con
alegría, toda la tierra:
Salmos 66:1

Los que sembraron con lágrimas, con regocijo segarán.
Salmos 126:5

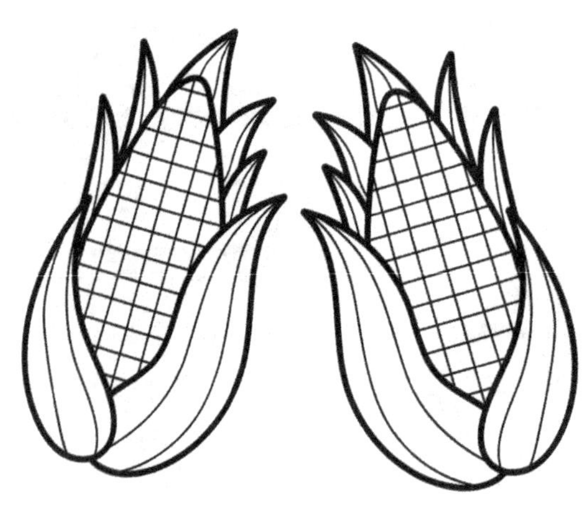

Bienaventurados los misericordiosos; porque ellos alcanzarán misericordia. Mateo 5:7

Y estas cosas os
escribimos, para que
vuestro gozo sea cumplido.
1 Juan 1:4

Mi escondedero y mi
escudo eres tú; en tu
palabra he esperado.
Salmos 119:114

Misericordia y juicio cantaré; a ti cantaré yo, oh Jehová.
Salmos 101:1

Y el Dios de paz sea con todos vosotros. Amén. Romanos 15:33

Muéstranos, oh Jehová,
tu misericordia,
y danos tu salvación.
Salmos 85:7

Apártate del mal, y haz el bien; Busca la paz, y síguela.
Salmos 34:14

Misericordia y paz y amor os sean multiplicados. Judas 1:2

No hay paz para el impío, dice Jehová. Isaías 48:22

Y ahora, Señor, ¿qué esperaré? Mi esperanza está en ti.
Salmos 39:7

Solícitos en guardar la
unidad del Espíritu en el
vínculo de la paz.
Efesios 4:3

Cuando yo decía: Mi pie resbala; tu misericordia, oh Jehová, me sustentaba. Salmos 94:18

Y al ver la estrella, se
regocijaron con muy
grande gozo.
Mateo 2:10

Pedid por la paz de Jerusalén; sean prosperados los que te aman. Salmos 122:6

Mi porción es Jehová,
dijo mi alma; por tanto en
Él esperaré.
Lamentaciones 3:24

Alabad a Jehová, porque Él es bueno; porque para siempre es su misericordia. Salmos 118:1

Ayúdame, Jehová Dios mío;
sálvame conforme a tu
misericordia.
Salmos 109:26

Y el fruto de justicia se siembra en paz para aquellos que hacen paz.
Santiago 3:18

Si fuere posible, en cuanto esté en vosotros, vivid en paz con todos los hombres. Romanos 12:18

Mas nosotros por el Espíritu aguardamos la esperanza de la justicia por fe. Gálatas 5:5

Oye, oh Jehová, y ten misericordia de mí: Jehová, sé tú mi ayudador.
Salmos 30:10

De tu misericordia, oh Jehová, está llena la tierra; enséñame tus estatutos. Salmos 119:64

Con gozo sacaréis aguas
de las fuentes de la
salvación.
Isaías 12:3

Socorrió a Israel su siervo, acordándose de su misericordia.
Lucas 1:54

Mas yo en tu misericordia
he confiado; se alegrará
mi corazón en tu
salvación. Salmos 13:5

Mucha paz tienen los que aman tu ley; y no hay para ellos tropiezo. Salmos 119:165

Misericordia y verdad guardan al rey; y con clemencia se sustenta su trono. Proverbios 20:28

Gracia sea a vosotros, y paz de Dios nuestro Padre, y del Señor Jesucristo. 2 Corintios 1:2

Clemente y misericordioso es Jehová, lento para la ira, y grande en misericordia. Salmos 145:8

Esperé yo a Jehová,
esperó mi alma; en su
palabra he esperado.
Salmos 130:5

No tengo mayor gozo que el oír que mis hijos andan en la verdad.
3 Juan 1:4

Mas yo esperaré siempre, y aún te alabaré más y más.
Salmos 71:14

Sea tu misericordia, oh Jehová, sobre nosotros, según esperamos en ti. Salmos 33:22

Porque en ti, oh Jehová, esperé yo: Tú responderás, Jehová Dios mío.
Salmos 38:15

Porque la mente carnal es muerte, pero la mente espiritual, vida y paz: Romanos 8:6

Digan ahora los que temen a Jehová, que para siempre es su misericordia. Salmos 118:4

Bendito el varón que se fía en Jehová, y cuya confianza es Jehová. Jeremías 17:7

Se complace Jehová en los
que le temen, y en los
que esperan en su
misericordia. Salmos 147:11

Y tendrás gozo y alegría,
y muchos se regocijarán
de su nacimiento.
Lucas 1:14

Seguid la paz con todos, y la santidad, sin la cual nadie verá al Señor.
Hebreos 12:14

Justificados, pues, por la fe, tenemos paz para con Dios por medio de nuestro Señor Jesucristo. Romanos 5:1

Porque tú, oh Señor Jehová, eres mi esperanza seguridad mía desde mi juventud. Salmos 71:5

Y mi alma se alegrará en
Jehová; Se regocijará en
su salvación.
Salmos 35:9

Con todo, yo me alegraré
en Jehová, y me gozaré
en el Dios de mi salvación.
Habacuc 3:18

Considera al íntegro, y mira al justo; porque la postrimería de ellos es paz. Salmos 37:37

La esperanza que se demora
es tormento del corazón;
mas árbol de vida es el deseo
cumplido. Proverbios 13:12

Y ahora permanecen la fe, la esperanza y la caridad, estas tres; pero la mayor de ellas es la caridad. 1 Corintios 13:13

Esforzaos todos vosotros los que esperáis en Jehová y Él fortalecerá vuestro corazón. Salmos 31:24

Jehová dará fortaleza a
su pueblo: Jehová bendecirá
a su pueblo con paz.
Salmos 29:11

De mañana sácianos de tu misericordia; y cantaremos y nos alegraremos todos nuestros días. Salmos 90:14

Formación de las Letras

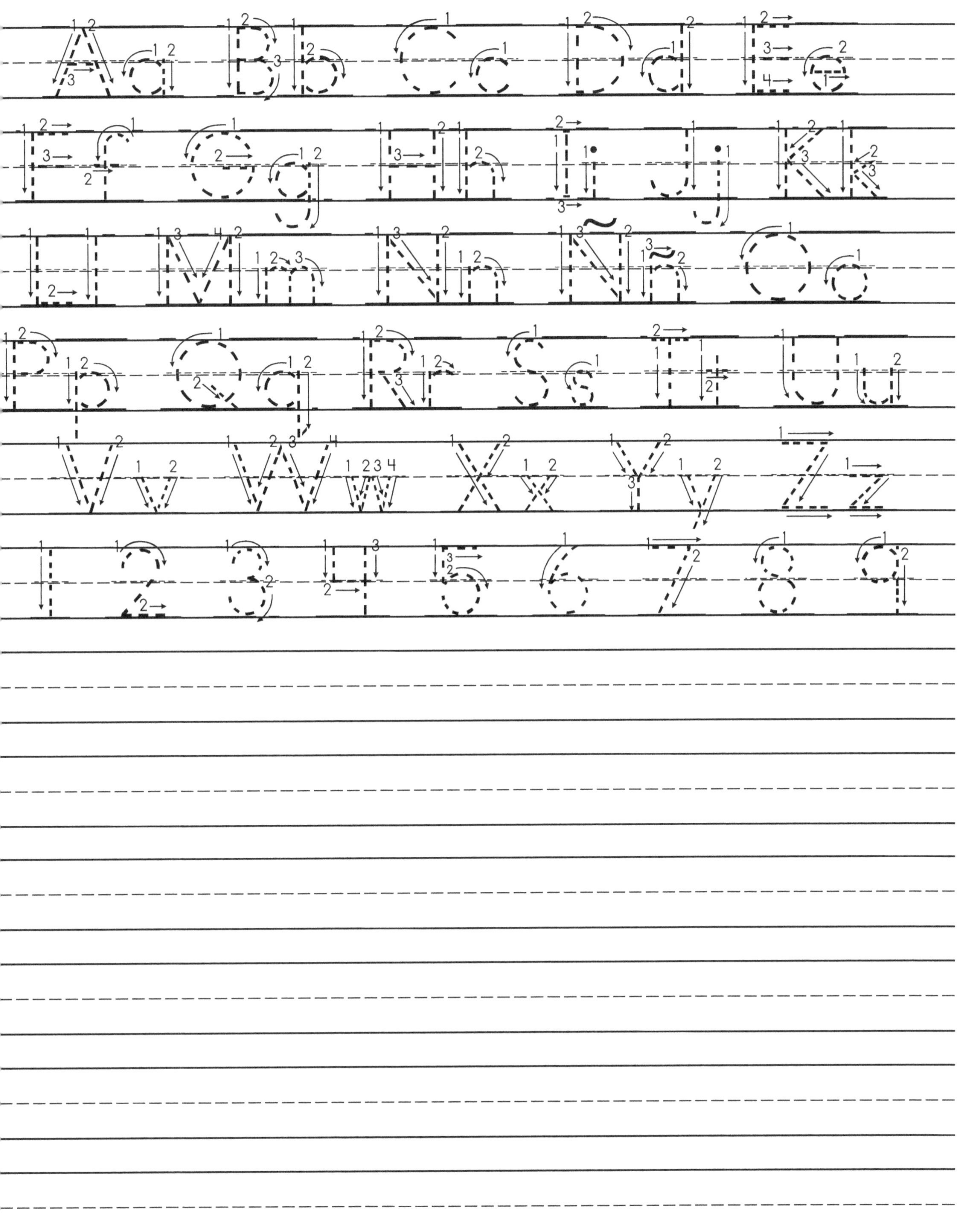

Práctica Adicional

Práctica Adicional

Práctica Adicional

Práctica Adicional

Práctica Adicional

Práctica Adicional

Práctica Adicional

Práctica Adicional

Práctica Adicional

Práctica Adicional

Práctica Adicional

Práctica Adicional

Práctica Adicional

Práctica Adicional

Práctica Adicional

Práctica Adicional

Práctica Adicional